OSCAR WILDE

A BALADA DO
CÁRCERE
DE READING

Tradução de Paulo Vizoli

Edição bilingue
Inglês-Português

NOVALEXANDRIA

"Apesar disso – escutem bem – todos os homens matam a coisa amada; com galanteio alguns o fazem, enquanto outros com a face amargurada; os covardes o fazem com um beijo, os bravos com a espada"

OSCAR WILDE

A BALADA DO CÁRCERE DE READING

Tradução de Paulo Vizoli

Edição bilingue
Inglês-Português

NOVALEXANDRIA

2ª Edição · 2022

Título original: *The Ballad of Reading Gaol*
©Copyright da tradução: 1997, Paulo Vizioli

Em conformidade com a Nova Ortografia.
Todos os direitos reservados.
Editora Nova Alexandria Ltda.
Rua Engenheiro Sampaio Coelho, 111
04261-080 São Paulo, SP
Fone: (11) 2215-6252
Site: www.editoranovaalexandria.com.br

Coordenação Editorial: Nova Alexandria
Coordenação editorial da 2ª edição: Rosa Maria Zuccherato
Revisão: Renata Melo
Capa: Luciana Ornaghi sob desenho em técnica mista, Marco Gianotti 2010
Projeto Gráfico e Editoração Eletrônica: Maurício Mallet Art & Design

Dados Internacionais de Catalogação na Publicação (CIP)

Wilde, Oscar.
    Balada do cárcere de Reading / Oscar Wilde; Tradução de Paulo Vizioli. –
2. ed. - São Paulo, SP : Editora Nova Alexandria, 2022.
    104 p.; 16 x 23 cm.

    Título original: The balad of Reading Gaol.
    Inclui bibliografia.
    ISBN 978-65-86189-89-6.

    1. Autor. 2. Bilíngue. 3. Poesia. 4. Poesia Inglesa. I. Título. II. Assunto. III. Autor.

    CDD 821   CDU 82-1 (420)

    Índices para catálogo sistemático:
    1. Literatura inglesa: Poesia.
    2. Literatura: Poesia (Inglaterra)

SUMÁRIO

Introdução 09

The ballad of Reading gaol 27

A balada do cárcere de Reading 27

| 29

|| 39

||| 49

|||| 71

𝍷𝍷𝍷𝍷𝍷 85

𝍷𝍷𝍷𝍷𝍷 | 97

INTRODUÇÃO

O decadentismo foi uma das mais fascinantes correntes literárias em voga na virada do século XIX para o XX, abrangendo figuras bastante diversificadas, como o italiano Gabriele d'Annunzio (1863-1938), o russo Serguei A. Esenin (1895-1925) e o belga Maurice Maeterlinck (1862-1949). Apesar de seu grande impacto, entretanto, nem sempre a sua conceituação tem sido clara e precisa. O que, exatamente, se deve entender por decadentismo?

Alguns, ainda hoje, tomam o termo literalmente, associando-o à ideia de decadência artística e moral. É essa, por exemplo, a posição de J. M. Cohen[1], que assim descreve as características de d'Annunzio: "Proclamava-se adepto do *verismo*, a escola realista italiana; contudo, para ele, o *verismo* significava não o registro objetivo dos fatos, mas a transcrição estudadamente exagerada da experiência sensual. O erotismo, o pormenor psicológico e uma preocupação com a

---
[1] J. M. Cohen – *A History of Western Literature*. Harmondsworth: Penguin Books, 1956, p. 303.

morte, a doença e a brutalidade tornavam as peças e os poemas de d'Annunzio intencionalmente chocantes". E acrescenta: "A estreita relação entre a beleza e a decadência, que despertou Baudelaire para uma sensação de pecado, impeliu d'Annunzio a uma *carnalidade do pensamento*". Segundo o mesmo crítico e historiador literário, esse espírito decadentista – ligado à depravação, à anormalidade sexual e ao vício – deriva, em última análise, dos escritos do Marquês de Sade, com precedentes no satanismo do já mencionado Baudelaire e nos romances de Huysmans.

Descrições como essa, porém, são incompletas e, por conseguinte, injustas, pois deixam de lado a genuína beleza lírica que os decadentistas frequentemente sobrepunham aos lances retóricos e às poses afetadas – como podemos constatar em *La pioggia nel pineto* e em outros poemas dannunzianos, ou nos versos de Esenin sobre a sua "Rússia de madeira"; além disso, elas esquecem os excelentes efeitos que tais escritores obtinham com seu particular uso do simbolismo – como observamos em *Pelléas et Mélisande* e em outras peças de Maeterlinck.

Outra falha igualmente grave dessas conceituações é que costumam omitir a vocação esteticista desses autores, geralmente dominados por um deslumbramento tão intenso pela arte que alguns chegaram a pretender transformar suas próprias vidas em obras de arte. E esse é um dado fundamental. Ilustra-o muito bem a biografia de d'Annunzio, que deliberadamente buscou fugir do prosaísmo do cotidiano com seu apego ao luxo, seus casos amorosos com mulheres famosas e seus feito heroicos (como o voo sobre Viena durante a Primeira Guerra Mundial e a conquista da cidade de Fiume). Outro exemplo é o desprezo de Esenin pelo dia a dia, mais que patente no poema que esse "homem supérfluo" – desiludido ante o fracasso de seu relacionamento amoroso com a célebre bailarina Isadora Duncan – escreveu com o próprio sangue antes de se enforcar num quarto de hotel em São Petersburgo:

"Nesta vida, morrer não é novidade;
Mas, por certo, viver nada tem de novo."[2]

Foi precisamente esse esteticismo a porta de ingresso do decadentismo na Inglaterra, onde teve como precursores a Irmandade Pré-Rafaelita, os trabalhos de John Ruskin e, principalmente, as obras *Studies in the History of the Renaissance* (1873) e *Marius the Epicurean* (1885), de Walter Pater. Seu advento – no fundo, uma reação ao realismo e às convenções da era vitoriana – também deveu muito aos ideais da "arte pela arte" trazidos da França. E seus seguidores não foram poucos, merecendo referência, entre outros, Alfred E.

---

[2] Trata-se de uma atitude próxima à daquele refinado casal de aristocratas enamorados que, no romance *O Castelo de Axel*, do francês *Villiers de L'Isle-Adam* – máxima expressão do anseio pela "torre de marfim" –, resolve suicidar-se dizendo: "Quanto a viver, os nossos criados podem fazer isso por nós" É claro que o caso de Esenin não chega a esses extremos, mas os versos seus aqui citados deixam transparecer a mesma superioridade do artista enfadado em relação à vida.

Housman, Ernest Dowson e Algernon Charles Swinburne. Nenhum deles, contudo, provocou o impacto de Oscar Wilde, o mais notório decadentista de língua inglesa e, sem dúvida, o mais polêmico.

O interessante é que a polêmica em torno de Wilde não se exauriu com o passar do tempo, continuando viva (embora sem as paixões que outrora insuflava) até os dias de hoje. Isso quer dizer que muitos dos preconceitos que circulavam na época do autor, ou alguns anos mais tarde, ainda encontram guarida em comentários críticos mais recentes. Para nos convencermos disso, basta que comparemos as considerações a respeito de Wilde feitas por A. C. Ward, no texto escolar elaborado por W. H. Hudson *An outline history of English Literature*, e as de G. D. Klingopulos, em sua introdução para o sexto volume de *A Pelican Guide to English Literature*.

Para Ward, escrevendo em 1930 – três décadas, portanto, depois da morte do escritor –, o que interessava a Wilde, "esse brilhante *poseur*", e aos demais decadentistas, era "a busca da pura sensação, divorciada do controle moral"; subverteram assim os conceitos de Pater expressos no capítulo final de *The Renaissance*: "Não o fruto da experiência, mas a própria experiência é o fim... A teoria, ou ideia, ou sistema que exige de nós o sacrifício de qualquer parte dessa experiência – ou em função de algum interesse que não podemos adentrar, ou de alguma moral abstrata com a qual não nos identificamos, ou daquilo que é convencional – não tem nenhum direito de se impor a nós".[3]

G. D. Klingopulos, embora escrevendo várias décadas mais tarde (em 1958), adota postura idêntica, citando, curiosamente, o mesmo trecho de Pater para condenar o desenfreado "hedonismo" dos decadentistas. Só que suas críticas são ainda mais contundentes: "O antivitorianismo de Wilde é, na verdade, apenas filisteísmo virado ao avesso; conserva o mesmo dualismo primitivo. Não implica nenhuma compreensão mais profunda do escopo e da função das artes, nada das operações éticas da imaginação".[4] Daí, no entender de Klingopulos, "a apologia do crime" que Wilde faz em seu romance *O retrato de Dorian Gray*.

Diante dessas ponderações – especialmente diante da última – não podemos deixar de indagar-nos se o crítico realmente leu a obra que condena, pois é mais que óbvio que o que o livro de Wilde se propõe a fazer (como o próprio autor já lembrara aos seus detratores) é exatamente o contrário, ou seja, não defender a imoralidade, mas denunciar os perigos de uma entrega total aos caprichos dos sentidos. Basta, portanto, uma leitura mais cuidadosa da obra do escritor para que se evitem os velhos equívocos e distorções a seu respeito. A isso eu acrescentaria a necessidade de um exame um pouco mais objetivo dos fatos de sua vida. Sim, porque, no

---

[3] W. H. Hudson – *An outline history of English Literature*. Londres: G. Bell and Sons, 1912 (Nova Edição Revista, 1955), p. 265.
[4] Boris Ford (Organizador) – *The Pelican Guide to English Literature*, v. 6: *From Dickens to Hardy*. Harmondsworth: Penguin Books, 1958, p. 67.

Introdução

caso de Wilde (como no de todos os contemporâneos seus que tentaram igualmente ver suas vidas como "obras de arte"), a biografia requer, às vezes, quase a mesma atenção que a obra.

Oscar Fingal O'Flahertie Wills Wilde nasceu em Dublin, capital da Irlanda, no dia 16 de outubro de 1854. Foi o segundo filho do médico William Wilde, famoso cirurgião de olhos e ouvidos. Sua mãe era Jane Francesca Elgee, que, quando solteira, escrevera – sob o pseudônimo de *Speranza* – artigos políticos propugnando pela independência irlandesa.

O jovem Wilde, ao terminar o curso secundário em Enniskillen, foi premiado (não obstante o desinteresse que sempre demonstrara pelas disciplinas não relacionadas com a literatura) com uma medalha de ouro por seus méritos como estudioso da cultura clássica. Em 1871 recebeu uma bolsa de estudos que lhe permitiu ingressar no Trinity College de Dublin, de onde (após outra medalha como helenista) se transferiu para a Universidade de Oxford. Ali, com seus vinte anos de idade, sofreu a influência de mestres famosos, como o Cardeal Newman e os dois notáveis pesquisadores da Renascença, já mencionados aqui, John Ruskin e Walter Pater.

Ainda estudante, visitou a Itália e a Grécia, e escreveu os seus primeiros poemas – um dos quais, "*Ravenna*", mereceu o Prêmio Newdigate. Uma vez formado, instalou-se em Londres, na qualidade de professor de

Estética. Foi então, por volta de 1880, que sua figura começou a chamar a atenção do público, seja pela finura e mordacidade de sua ironia, seja por sua defesa de ideias provocadoramente elitistas sobre a arte, seja pelas poses e pelos trajes excêntricos e efeminados que passaram a caracterizá-lo. Naturalmente, tornou-se o alvo preferido da sociedade conservadora, ridicularizado pela revista satírica *Punch* e até por W. S. Gilbert e Arthur Sullivan, na ópera cômica *Patience*. Em compensação, ganhou tal notoriedade que acabou se impondo como líder dos esteticistas ingleses, apesar da exiguidade da obra que até então dera a lume, circunscrita ao volume *Poems* e à peça teatral *Vera* (que não obteve qualquer sucesso). E foi também graças a essa notoriedade que foi convidado para um giro de palestras nos Estados Unidos, país que, durante um ano, percorreu de ponta a ponta, falando às mais variadas plateias – compostas por estudantes, senhoras da sociedade, trabalhadores nas minas etc. – e sempre despertando curiosidade e causando sensação (uma sensação que tivera início já no desembarque do escritor em Nova York, com sua célebre resposta ao funcionário da alfândega: "Nada a declarar, a não ser minha genialidade").

Oscar Wilde voltou para a Inglaterra no início de 1883. No ano seguinte, casou-se com Constance Mary Lloyd – filha de famoso causídico irlandês (já então falecido) – e, depois de breve lua de mel em Paris, mudou-se com ela para a Rua Tite, 16, por muito tempo o seu endereço em Londres. A indiferença que cercou sua nova obra para o palco – *A Duquesa de Mântua* – frustrou-lhe as expectativas de lucro num momento de sérias dificuldades financeiras, agravadas ademais por seus hábitos extravagantes e pela nova responsabilidade de sustentar uma família (acrescida, não muito tempo depois, dos filhos Cyril e Vyvyan). Forçado a procurar emprego, Wilde trabalhou primeiro como crítico literário do jornal *Pall Mall Gazette* e, mais tarde, como redator da revista feminina *The Woman's World*. Foi também nesse período que se dedicou com mais afinco à produção literária, publicando, em 1888, as histórias infantis e os contos de fadas de *The happy prince and other tales* (*O príncipe feliz e outros contos*) e, em 1891, além das novas coletâneas de contos *A house of pomegranates* (*Uma casa de romãs*) e *Lord Arthur Savile's crime and other stories* (*O crime de Lorde Arthur Savile e outras histórias*), surgiram *Intentions* (*Intenções*), com seus quatro ensaios sobre literatura e arte, e *The portrait of Dorian Gray* (*O retrato de Dorian Gray*), seu livro de maior impacto até então.

Nos anos que se seguiram, o escritor dedicou-se de corpo e alma ao teatro, campo em que obteve os seus mais retumbantes sucessos. Primeiro vieram, em 1892, a peça sentimental, pontilhada de ironia, *Lady Windermere's fan* (*O leque de Lady Windermere*) e *Salomé*, escrita originalmente em francês porque destinada aos palcos parisienses (a lei britânica proibia peças protagonizadas por figuras bíblicas); a seguir, em 1893, foi a vez de *A woman of no importance* (*Uma mulher sem importância alguma*), que retoma a linha de *O leque de Lady Windermere*; e, finalmente, em 1895, apareceram *An ideal husband* (*Um marido ideal*) e a obra-prima de Wilde para o teatro, *The importance of being earnest* (*A importância de ser prudente*), comédia consagrada tanto pelo público, quanto pela crítica.

Foi justamente então, em sua hora de maior fortuna e glória, que se abateu sobre Wilde uma desgraça de que nunca mais se reergueria. Já fazia algum tempo que ele se envolvera emocionalmente com certo Lorde Alfred Douglas, um jovem aristocrata filho do Marquês de Queensberry. Irritado pelos comentários ofensivos que o pai do rapaz fazia no seio da melhor sociedade londrina, tachando-o de "sodomita", o escritor cometeu a imprudência de processar o Marquês por calúnia. Não só não ganhou a causa como acabou sendo indiciado por infringir a lei que proibia as práticas homossexuais. Enquanto aguardava a sentença, foi preso e teve seus bens leiloados. De nada lhe adiantou ter sido declarado inocente, pois logo a seguir foi submetido a novo julgamento, que o considerou culpado. Foi, por conseguinte, condenado a dois anos de reclusão e trabalhos forçados, pena que, pela maior parte, cumpriu no cárcere de Reading, não muito longe de Londres.

Wilde saiu da prisão destruído moralmente. Separado da família e quase sem amigos, mudou-se para a França, estabelecendo-se na aldeia de Berneval. Ali escreveu o longo poema *The ballad of Reading gaol* (*A balada do cárcere de Reading*), relatando as agruras e os terrores da vida na penitenciária. Antes disso, nos anos que passara encarcerado (1896-1897), redigira *De profundis*, carta endereçada a Lorde Douglas, contendo explicações sobre a sua conduta. Foram suas últimas obras. O escritor ainda teve tempo para uma viagem à Itália; mas, de volta à França, adoeceu, falecendo no dia 30 de novembro de 1900, num modesto quarto do Hôtel d'Alsace, em Paris. Seus restos mortais desde então repousam no Père-Lachaise, o grande cemitério da capital francesa.

Como avaliar a realização literária de Oscar Wilde? Como já se disse no início, foram tantas as controvérsias a respeito do autor que até há pouco tempo não era fácil responder a essa pergunta. Para os moralistas, ele foi uma figura desprezível, uma influência decididamente nefasta; para os deslumbrados pelo inegável brilho de sua inteligência e pela mordacidade de sua ironia, foi nada menos que um gigante, merecedor de incondicional admiração. Na verdade, Wilde não foi nem uma coisa nem outra. Dentro do contexto inglês, não passou, por certo, de um escritor "menor": como poeta, esteve bem abaixo de muitos outros vitorianos (como Tennyson, Browning ou Hopkins); como romancista, não pode ser comparado aos grandes ficcionistas da época (como Dickens, Thackeray, George Eliot, Hardy e outros); e, como dramaturgo, apesar do sopro renovador com que ventilou o teatro de língua inglesa, logo seria parcialmente superado por seu conterrâneo George Bernard Shaw. Mas, mesmo sendo "menor", provocou, na Inglaterra e no resto do mundo, um impacto de fazer inveja a muitos escritores "maiores". É claro que suas excentricidades foram, em parte, responsáveis por isso; também contribuíram para divulgar seu nome os escândalos que pontilharam sua existência; mas só os insensíveis hão de negar que ao valor intrínseco de sua produção literária também se deve boa parcela do crédito.

Com efeito, se atualmente algumas de suas obras andam esquecidas – seja pelo vazio do conteúdo, seja pela pieguice ultrapassada – outras, e não poucas, estão vivas como sempre.

Entre estas, eu lembraria, por ordem de antiguidade, os livros dados a lume em 1891, a começar por *Intenções*. Os quatro estudos sobre a arte e a literatura que compõem essa coletânea, que muitos outrora viam como superficiais devido aos pirotécnicos lampejos de seus epigramas, ainda podem ser lidos com prazer e proveito, graças ao polimento de sua prosa e à pertinência de suas intuições. É o que verificamos, principalmente, nos ensaios "O crítico como Artista" (que ocupa mais da metade do volume) e "A decadência do mentir". O primeiro valoriza a função da crítica, ressaltando o seu caráter de atividade criadora (fato de que poucos se davam conta na época do escritor); e o segundo, ao definir a arte como "uma coisa completamente inútil", ao equiparar a ficção literária ao ato de mentir, e ao proclamar que, paradoxalmente, é a natureza que segue a arte (e não o contrário), busca defender a superioridade do belo artístico sobre o belo natural (um ponto que Benedetto Croce mais tarde retomaria), a necessidade de avaliar a obra de arte por suas próprias leis (que nada têm a ver com ideias exteriores de perfeição) e a total independência da arte em relação aos cânones da moralidade (um princípio salutar que, infelizmente, ainda hoje é esquecido com frequência). Trata-se, pois, de uma estimulante apologia da "arte pela arte", com posicionamentos válidos também para a arte atual.

As ideias dessa coletânea encontram-se intimamente ligadas à temática da obra que lembro a seguir: *O retrato de Dorian Gray*. De fato, muitas delas são sucintamente repetidas no prefácio do romance, como, por exemplo: "Não existe essa coisa de livro moral ou imoral. Os livros ou são bem escritos ou mal escritos. Isso é tudo". Ou: "Nenhum artista tem simpatias éticas. A simpatia ética num artista constitui imperdoável maneirismo estilístico. Jamais um artista é mórbido. O artista pode exprimir tudo". Ou ainda: "Toda arte é completamente inútil".[5] Aliás, foi essa dissociação da arte e da ética, aqui reafirmada, que provocou a indignação dos contemporâneos de Wilde, já que o propósito último do livro é essencialmente moral. O autor, sem dúvida, pregava a busca da sensação, mas reconhecia que, ao tornar-se obsessiva (sobretudo quando a sensação é tomada como um fim em si), essa

---

[5] Cf. "*The picture of Dorian Gray*". In: Stories by Oscar Wilde. Londres e Glasgow: Collins, 1952, p. 21-2.

busca pode ser fatal. Pelo menos, é o que demonstra a história de Dorian Gray, o belo aristocrata cujo retrato registrava, à medida que ele cometia os crimes ditados por seus caprichos, todas as deformações de sua alma, enquanto ele próprio permanecia jovem e belo. A mensagem moral se torna patente no último capítulo, quando, ao esfaquear o repulsivo quadro, é Dorian quem morre; nesse instante, seu cadáver passa a refletir toda a sua monstruosidade interior, enquanto o retrato reassume a beleza original.

Obras apreciáveis são também os contos dedicados à infância e à juventude. Segundo Vyvyan Holland, filho de Wilde e seu biógrafo, "essas histórias situam-se agora, juntamente com as de Perrault, Hans Andersen e Grimm, entre os grandes contos de fadas do mundo. Por sua natureza, aproximam-se mais dos poemas em prosa que dos contos, particularmente 'O rouxinol e a rosa', que, há alguns anos, foi tema de um maravilhoso balé".[6] Outro conto notável é 'O príncipe feliz', que, de certa forma, desenvolve às avessas o tema de *O retrato de Dorian Gray*: aqui, a estátua do príncipe, à medida que voluntariamente se despoja de seus ricos adornos (enviados, por meio de uma andorinha, aos pobres necessitados), vai se tornando cada vez mais feia, enquanto sua beleza interior cresce continuamente.

Pode-se dizer que Wilde retorna, de modo ainda mais claro, ao tema de *Dorian Gray* na peça *Salomé*,

---

[6] Vyvyan Holland – *Oscar Wilde*. London: Thames and Hudson, 1960 (Revised Edition, 1966), p. 63.

em que a personagem central, igualmente sequiosa de sensações, pede a cabeça de João Batista apenas para gratificar mais um de seus loucos caprichos. E, a exemplo de Dorian Gray, é punida com a morte. Mas essa produção dramática (que rendeu a Richard Strauss uma ópera magnífica), cheia de cores fortes, perfumes pungentes, riqueza e excentricidade, numa atmosfera de decadência moral, difere substancialmente das suas outras peças da maturidade, ou seja, aquelas que, caracterizadas pela inteligente utilização do epigrama irônico como instrumento de crítica social, realmente permitiram que o nome de Wilde fosse colocado entre os dos maiores dramaturgos de língua inglesa. Exemplo típico é *A importância de ser prudente*. Lendo-a, compreendemos de imediato por que o escritor irlandês contribuiu tanto para acelerar a derrocada do moralismo hipócrita que em grande parte estigmatizou a era vitoriana. Do mesmo modo, compreendemos também por que ele foi capaz de dar vida nova ao teatro de seu tempo, dominado ou por um sentimentalismo melodramático, ou por um realismo nada original (geralmente associado aos nomes de Henry Arthur Jones e Arthur Wing Pinero), abrindo, assim, caminho para o teatro de ideias de George Bernard Shaw e para o teatro moderno.

Toda essa grandeza, que Wilde alcançou no ensaio, na ficção e, principalmente, no teatro, não se reencontra, porém, em sua poesia, tida como a parte mais fraca de sua produção literária. E, de fato, seus poemas pecam pelo artificialismo formal e pela falsidade do sentimento, os defeitos básicos do decadentismo estereotipado. Há, contudo, uma grande exceção: *A balada do cárcere de Reading*, a derradeira obra do escritor. Esse poema (ao qual uma das versões em português chamou de *A balada do enforcado*) conquistou, por seus méritos, imediata popularidade, e foi traduzido em várias línguas. Focalizando a vida na horrível prisão que lhe quebrou o espírito, logrou aqui o autor uma intensidade emotiva e uma seriedade temática como nunca antes em seus versos. Mesmo assim, o aplauso da crítica não foi unânime, pois muitos ainda duvidavam da sinceridade de um poeta sabidamente superficial. Um exemplo é A. C. Ward (já citado nesta Introdução), para quem "tanto *De profundis* (a 'apologia' de Wilde) quanto a *Balada do cárcere de Reading* são tocantes, nada mais: nenhuma das duas atinge as profundezas. Sempre um maquinador premeditado e calculista, Oscar Wilde era incapaz de sinceridade e simplicidade completas; estava sempre a fazer pose, até mesmo em sua agonia".[7] Hoje essa atitude condenatória não é tão frequente, sendo mais comuns posições como a do crítico A. E. Rodway, o qual, embora afirmando que Wilde, em sua poesia, permanece "emocionalmente adolescente" e temeroso de "ser outra coisa a não ser superficial", reconhece que *A balada do cárcere de*

---

[7] In: W. H. Hudson, op. cit., p. 266.

Reading, "a rigor, não é absolutamente superficial"[8]. Outras restrições feitas à obra na época de seu aparecimento dizem respeito à sua dedicatória a Alfred Douglas e a seu caráter irregular, um misto de "excelência" e "confusão". A primeira não merece atenção, por tratar-se de fator extraliterário; já a segunda tem sua razão de ser.

De fato, se o poema é uma balada, deveria caracterizar-se pela atitude objetiva e pelo estilo simples. No entanto, em alguns momentos (poucos, felizmente), o autor se deixa levar pelo subjetivismo sentimental; em outros, perde-se em artificialismos excrescentes, provavelmente inspirado por modelos de outros (*The Shropshire lad* de A. E. Housman e *Rime of the ancient mariner* de S. T. Coleridge foram duas fortes influências sobre ele). Para o há pouco citado A. E. Rodway, um exemplo desta última falha é a "dança fantasmagórica da terceira seção", reminiscente de Coleridge, mas deslocada no presente contexto. O mesmo crítico, porém, concede que, de modo geral, o que prevalece no poema – "a despeito do tênue elemento narrativo" – é a genuinidade do sentimento, acoplado ademais a um pensamento severo (que já havia despontado na obra de Wilde em trabalhos como *A alma do homem sob o socialismo*). Além disso, para Rodway, o poema, do ponto de vista formal, vem enriquecido pelo uso inteligente das repetições (que, de fato, a meu

---

[8] A. E. Rodway – "The last phase", in *The Pelican Guide to English Literature* – v. 6 (Cf. Nota 3), p. 389–90.

ver, funcionam como *leit motifs* musicais) e pelas variações tonais de grande sutileza. "Assim", conclui ele, "a mesma linguagem simples pode transmitir o horror nauseado ('o carrasco, enluvado como um jardineiro') ou um humor lúgubre, cheio de implicações:

> "'Era o regulamento, para o Diretor,
>   Sabidamente o forte;
> Proclamava o Doutor que é um fato científico,
>   E nada mais, a morte;
> Dois folhetos por dia o Capelão deixava,
>   Um piedoso suporte.'"[9]

Também a temática do poema é própria de uma grande obra, por sua riqueza e variedade. Como efeito, não se limita, como muitos pensam, a uma denúncia do sistema carcerário em geral, ou a uma exposição das injustiças que se cometem em nome da lei, ou a um retrato da solidariedade humana na miséria; o texto vai mais fundo, explorando igualmente – ao apontar que "todo homem mata a coisa amada" – o intricado *tema da traição*, com seus desdobramentos, tanto na realidade exterior quanto no inconsciente do indivíduo. Aliás, é o que sugere Richard Ellmann em sua monumental biografia do escritor irlandês[10]. E a esse tema acrescenta ele, a seguir, um outro não menos relevante, que é o *tema das*

---
[9] A. E. Rodway, op. cit., p. 398.
[10] Richard Ellmann – *Oscar Wilde*. Harmondsworth: Penguin Books, 1988, p. 525 e seguintes.

prisões do ser humano, com todas as suas metamorfoses. A esse propósito, reproduz Ellmann uma interessante carta de Wilde a Cunningham Graham, em que o poeta diz: "Eu... gostaria de encontrar-me com você para falar a respeito das muitas prisões da vida: as prisões de pedra, as prisões da paixão, as prisões do intelecto, as prisões da moral e o resto."

Com essa obra, portanto, Oscar Wilde, considerado um dos poetas menos distinguidos da era vitoriana, alcançou, paradoxalmente (apenas mais um de seus paradoxos), a glória de haver escrito o maior poema em língua inglesa do século XIX. E é essa grande obra que ora oferecemos aos leitores brasileiros, nesta exclusiva tradução para a nossa língua.

Paulo Vizioli

OSCAR WILDE

A BALADA DO
CÁRCERE
DE READING

I

He did not wear his scarlet coat,
    For blood and wine are red,
And blood and wine were on his hands
    When they found him with the dead,
The poor dead woman whom he loved,
    And murdered in her bed.

He walked amongst the Trial Men
    In a suit of shabby gray;
A cricket cap was on his head,
    And his step seemed light and gay;
But I never saw a man who looked
    So wistfully at the day.

I never saw a man who looked
    With such a wistful eye
Upon that little tent of blue
    Which prisoners call the sky,
And at every drifting cloud that went
    With sails of silver by.

I walked, with other souls in pain,
    Within another ring,
And was wandering if the man had done
    A great or little thing,
When a voice behind me whispered low,
    "That fellow's got to swing."

O casaco escarlate não usou, pois tinha
    De sangue e vinho o jeito;
E sangue e vinho em suas mãos havia quando
    Prisioneiro foi feito,
Deitado junto à mulher morta que ele amava
    E matara em seu leito.

Ao caminhar em meio aos Julgadores, roupa
    Cinza e gasta vestia;
Tinha um boné de críquete, e seu passo lépido
    E alegre parecia;
Mas nunca em minha vida vi alguém olhar
    Tão angustiado o dia.

Eu nunca vi alguém na vida que tivesse
    Tanta angústia no olhar,
Ao contemplar a tenda azul que os prisioneiros
    De céu usam chamar,
E às nuvens à deriva, que iam com as velas
    Cor de prata pelo ar.

Num pavilhão ao lado, andei com outras almas
    Também a padecer,
Imaginando se seu erro fora grave
    Ou um erro qualquer,
Quando alguém sussurrou baixinho atrás de mim:
    "O homem tem que pender."

Dear Christ! the very prison walls
  Suddenly seemed to reel,
And the sky above my head became
  Like a casque of scorching steel;
And, though I was a soul in pain.
  My pain I could not feel.

I only knew what hunted thought
  Quickened his step, and why
He looked upon the garish day
  With such a wistful eye;
The man had killed the thing he loved,
  And so he had to die.

Yet each man kills the thing he loves,
  By each let this be heard,
Some do it with a bitter look,
  Some with a flattering word,
The coward does it with a kiss,
  The brave man with a sword!

Some kill their love when they are young,
  And some when they are old;
Some strangle with the hands of Lust,
  Some with the hands of Gold:
The kindest use a knife, because
  The dead so soon grow cold.

OSCAR WILDE

Cristo! As próprias paredes da prisão eu vi
    Girando a meu redor,
E o céu sobre a cabeça transformou-se em elmo
    De um aço abrasador;
E, embora eu fosse alma a sofrer, já nem sequer
    Sentia a minha dor.

Sabia qual o pensamento perseguido
    Que lhe estugava o andar,
E porque demonstrava, ao ver radiante o dia,
    Tanta angústia no olhar;
O homem matara a coisa amada, e ora devia
    Com a morte pagar.

Apesar disso – escutem bem – todos os homens
    Matam a coisa amada;
Com galanteio alguns o fazem, enquanto outros
    Com face amargurada;
Os covardes o fazem com um beijo,
    Os bravos, com a espada!

Um assassina o seu amor na juventude,
    Outro, quando ancião;
Com as mãos da Luxúria este estrangula, aquele
    Empresta do Ouro a mão;
Os mais gentis usam a faca, porque frios
    Os mortos logo estão.

Some love too little, some too long,
   Some sell, and others buy;
Some do the deed with many tears,
   And some without a sigh:
For each man kills the thing he loves,
   Yet each man does not die.

He does not die a death of shame
   On a day of dark disgrace,
Nor have a noose about his neck,
   Nor a cloth upon his face,
Nor drop feet foremost through the floor
   Into an empty space.

He does not sit with silent men
   Who watch him night and day;
Who watch him when he tries to weep,
   And when he tries to pray;
Who watch him lest himself should rob
   The prison of its prey.

He does not wake at dawn to see
   Dread figures throng his room,
The shivering Chaplain robed in white,
   The Sheriff stern with gloom,
And the Governor all in shiny black,
   With the yellow face of Doom.

Este ama pouco tempo, aquele ama demais;
   Há comprar, e há vender;
Uns fazem o ato em pranto, enquanto que um suspiro
   Outros não dão sequer.
Todo homem mata a coisa amada! – Nem por isso
   Todo homem vai morrer.

Não vai morrer um dia a morte de vergonha
   Num escuro traspasso;
Nem há de ter um pano a lhe cobrir o rosto,
   E no pescoço um laço;
Nem através do chão vai atirar os pés
   Para o vazio do espaço.

Não vai sentar-se, noite e dia no silêncio,
   Com uma guarda tesa
Que há de vigiá-lo quando tenta o pranto
   E quando tenta a reza;
Sempre a vigiá-lo, para que não roube
   Da prisão sua presa.

Não vai na aurora despertar com vultos hórridos
   Cruzando o seu umbral:
O tiritante Capelão todo de branco,
   O Xerife espectral,
E o Diretor, de negro luzidio, e a cara
   Do Juízo Final.

He does not rise in piteous haste
   To put on convict-clothes,
While some coarse-mouthed Doctor gloats, and notes
   Each new and nerve-twitched pose,
Fingering a watch whose little ticks
   Are like horrible hammer-blows.

He does not know that sickening thirst
   That sands one's throat, before
The hangman with his gardener's gloves
   Slips through the padded door,
And binds one with three leathern thongs,
   That the throat may thirst no more.

He does not bend his head to hear
   The Burial Office read,
Nor, while the terror of his soul
   Tells him he is not dead,
Cross his own coffin, as he moves
   Into the hideous shed.

He does not stare upon the air
   Through a little roof of glass:
He does not pray with lips of clay
   For his agony to pass;
Nor feel upon his shuddering cheek
   The kiss of Caiaphas.

Nem vai vestir, com pressa comovente, as roupas
　　De almas condenadas,
Enquanto um médico boçal exulta, e anota
　　Suas torções crispadas,
Manuseando o relógio com um tique-taque
　　De horríveis marteladas.

Nem, a arear-lhe a garganta, vai sentir aflito
　　A sede que antecede
O carrasco, enluvado como um jardineiro,
　　Que vem junto à parede
E ata-o com três correias, para que a garganta
　　Não sinta mais a sede.

Nem curvará a cabeça para ouvir o Ofício
　　Fúnebre ser lido;
Nem, enquanto o terror lhe diz dentro do peito
　　Não ter ele morrido,
Com seu caixão há de cruzar, ao se mover
　　Para o estrado temido.

Nem através de um teto vítreo vai fitar
　　O espaço azul... lá atrás;
Nem com lábios de argila um dia vai rezar
　　Para implorar a paz;
Nem, por fim, vai sentir em sua face trêmula
　　O beijo de Caifás.

II

Six weeks the guardsman walked the yard
  In the suit of shabby gray:
His cricket cap was on his head,
  And his step seemed light and gay,
But I never saw a man who looked
  So wistfully at the day.

I never saw a man who looked
  With such a wistful eye
Upon that little tent of blue
  Which prisoners call the sky,
And at every wandering cloud that trailed
  Its ravelled fleeces by.

He did not wring his hands, as do
  Those witless men who dare
To try to rear the changeling Hope
  In the cave of black Despair:
He only looked upon the sun,
  And drank the morning air.

He did not wring his hands nor weep,
  Nor did he peek or pine,
But he drank the air as though it held
  Some healthful anodyne;
With open mouth he drank the sun
  As though it had been wine!

Nosso guardião passeou no pátio seis semanas:
  O cinza ainda vestia,
Com seu boné de críquete e seu passo lépido
  Que alegre parecia;
Mas nunca em minha vida vi alguém olhar
  Tão angustiado o dia.

Eu nunca vi alguém na vida que tivesse
  Tanta angústia no olhar,
Ao contemplar a tenda azul que os prisioneiros
  De céu usam chamar,
E as nuvens divagantes arrastando velos
  Enredados pelo ar.

Não contorcia as mãos, como o imbecil que tenta
  Nutrir, com cego afã,
No antro do negro Desespero, essa enjeitada
  Que é a Esperança vã;
Ele apenas se punha a contemplar o sol,
  Sorvendo o ar da manhã.

Não contorcia as mãos, e nunca, fraco ou frouxo,
  Chorava em seu alinho,
Mas o ar, como se fosse anódino saudável,
  Sorvia ali, sozinho;
E, com a boca aberta, ele sorvia o sol
  Como se fosse vinho!

And I and all the souls in pain,
 Who tramped the other ring,
Forgot if we ourselves had done
 A great or little thing,
And watched with gaze of dull amaze
 The man who had to swing.

For strange it was to see him pass
 With a step so light and gay,
And strange it was to see him look
 So wistfully at the day,
And strange it was to think that he
 Had such a debt to pay.

For oak and elm have pleasant leaves
 That in the spring-time shoot:
But grim to see is the gallows-tree,
 With its adder-bitten root,
And, green or dry, a man must die
 Before it bears its fruit.

The loftiest place is that seat of grace
 For which all worldlings try:
But who would stand in hempen band
 Upon a scaffold high,
And through a murderer's collar take
 His last look at the sky?

E, no outro pavilhão, eu e as demais almas
   Também a padecer,
Tendo esquecido se nosso erro fora grave
   Ou um erro qualquer,
Olhávamos entanto, com obtuso espanto,
   Aquele que ia pender.

E estranho era notar, passando, como lépido
   E alegre parecia;
E estranho era observar o modo como olhava
   Tão angustiado o dia;
E estranho era pensar como era grande a dívida
   Que ele pagar devia.

O olmo e o carvalho têm folhagens agradáveis,
   Primaveril tributo;
Já a forca, onde a serpente finca embaixo o dente,
   É uma árvore de luto,
E, verde ou ressequida, lá se perde a vida
   Bem antes que dê fruto.

O mundano procura algum lugar na altura
   Como o maior troféu;
Mas quem vai ao encalço do alto cadafalso
   E da corda do réu,
Para enxergar por uma gola de assassino
   A última vez o céu?

It is sweet to dance to violins
  When Love and Life are fair:
To dance to flutes, to dance to lutes
  Is delicate and rare:
But it is not sweet with nimble feet
  To dance upon the air!

So with curious eyes and sick surmise
  We watched him day by day,
And wondered if each one of us
  Would end the self-same way,
For none can tell to what red Hell
  His sightless soul may stray.

At last the dead man walked no more
  Amongst the Trial Men,
And I knew that he was standing up
  In the black dock's dreadful pen,
And that never would I see his face
  In God's sweet world again.

Like two doomed ships that pass in storm
  We had crossed each other's way:
But we made no sign, we said no word,
  We had no word to say;
For we did not meet in the holy night,
  But in the shameful day.

Se brilham vida e amor, ao som de violinos
    É doce e bom dançar;
Dançar seguindo a pauta de alaúde ou flauta
    É ameno e singular;
Não é doce, ao revés, quando com ágeis pés
    Se dança encima do ar!

Com mórbida suspeita, em curiosa espreita,
    O olhamos dia a dia,
Cada um também assim a imaginar seu fim,
    Porque ninguém sabia
Qual rubro inferno horrível sua não visível
    Alma atormentaria.

Não mais, por fim, o morto caminhava em meio
    Aos Julgadores seus,
E eu sabia que estava na terrível jaula
    Com o banco dos réus,
E que seu rosto eu nunca mais veria neste
    Doce mundo de Deus.

Fomos dois barcos condenados na tormenta,
    Cruzando um do outro a via;
Não fizemos sinal e não dissemos nada...
    Nada a dizer havia,
Pois nosso encontro não se deu na noite santa,
    Mas no infamante dia.

A prison wall was round us both,
  Two outcast men we were:
The world had thrust us from its heart,
  And God from out His care:
And the iron gin that waits for Sin
  Had caught us in its snare.

Sendo dois réprobos, por muros de prisão
   Vimo-nos, pois, rodeados;
Este mundo expulsara a nós de seu regaço,
   E Deus, de seus cuidados;
Na armadilha de ferro sempre à espera do Erro
   Nós fomos apanhados.

III

The Balad of Reading Gaol

In Debtors' Yard the stones are hard,
   And the dripping wall is high,
So it was there he took the air
   Beneath the leaden sky.
And by each side a Warder walked,
   For fear the man might die.

Or else he sat with those who watched
   His anguish night and day;
Who watched him when he rose to weep,
   And when he crouched to pray;
Who watched him lest himself should rob
   Their scaffold of its prey.

The Governor was strong upon
   The Regulations Act:
The Doctor said that Death was but
   A scientific fact:
And twice a day the Chaplain called,
   And left a little tract.

And twice a day he smoked his pipe,
   And drank his quart of beer:
His soul was resolute, and held
   No hiding-place for fear;
He often said that he was glad
   The hangman's hands were near.

OSCAR WILDE

A Balada do Cárcere de Reading

No pátio o chão é duro, alto o infiltrado muro
    Aos que devem pagar;
E era ali nesse limbo, sob um céu de chumbo,
    Que ele vinha por ar,
A cada lado um Carcereiro, por temor
    De que fosse expirar.

Ou noite e dia se sentava em sua angústia,
    Com uma guarda tesa
Sempre a vigiá-lo – vendo-o erguer-se para o pranto,
    Curvar-se para a reza;
Sempre ali a vigiá-lo, para que o patíbulo
    Não roubasse da presa.

Era o Regulamento, para o Diretor,
    Sabidamente o forte;
Proclamava o Doutor que é um fato científico,
    E nada mais, a morte;
Dois folhetos por dia o Capelão deixava,
    Um piedoso suporte.

E cachimbo e cerveja, ao dia duas vezes,
    Tinha ele em tempo certo;
Jamais oferecia esconderijo ao medo
    Seu espírito aberto;
E muita vez dizia da sua alegria
    Por ter o algoz tão perto.

The Balad of Reading Gaol

But why he said so strange a thing
    No Warder dared to ask:
For he to whom a watcher's doom
    Is given as his task,
Must set a lock upon his lips,
    And make his face a mask.

Or else he might be moved, and try
    To comfort or console:
And what should Human Pity do
    Pent up in Murderers' Hole?
What word of grace in such a place
    Could help a brother's soul?

With slouch and swing around the ring
    We trod the Fools' Parade!
We did not care: we knew we were
    The Devil's Own Brigade:
And shaven head and feet of lead
    Make a merry masquerade.

We tore the tarry rope to shreds
    With blunt and bleeding nails;
We rubbed the doors, and scrubbed the floors,
    And cleaned the shining rails:
And, rank by rank, we soaped the plank,
    And clattered with the pails.

OSCAR WILDE

E carcereiro algum indagava por que
    Tinha esse estranho gosto:
O homem, a quem a sina sem mercê destina
    No cárcere tal posto,
Precisa colocar nos lábios um cadeado
    E mascarar o rosto.

Senão vai comover-se, e tentará ajudar
    Àquele que o consterna;
E o que pode a Piedade em Antro de Assassinos,
    Presa à mesma caverna?
Que palavra encontrar que possa confrontar
    A pobre alma fraterna?

Cabisbaixos gingamos em torno ao pavilhão,
    Os Bufões em parada!
Pouco importava a nós, pois éramos a atroz,
    Satânica Brigada;
E cabeça raspada e pés de chumbo fazem
    Alegre mascarada.

E a Brigada rasgava a corda de alcatrão
    Com as unhas sangrantes;
Ela escovava o chão, esfregava o portão,
    E as grades cintilantes;
E lavava o assoalho, em alas no trabalho,
    Com baldes reboantes.

We sewed the sacks, we broke the stones,
    We turned the dusty drill:
We banged the tins, and bawled the hymns,
    And sweated on the mill:
But in the heart of every man
    Terror was lying still.

So still it lay that every day
    Crawled like a weed-clogged wave:
And we forgot the bitter lot
    That waits for fool and knave,
Till once, as we tramped in from work,
    We passed an open grave.

With yawning mouth the yellow hole
    Gaped for a living thing;
The very mud cried out for blood
    To the thirsty asphalt ring:
And we knew that ere one dawn grew fair
    Some prisoner had to swing.

Right in we went, with soul intent
    On Death and Dread and Doom:
The hangman, with his little bag,
    Went shuffling through the gloom:
And each man trembled as he crept
    Into his numbered tomb.

E inda as pedras quebrava, os sacos remendava,
    Co'a broca erguia o pó;
As latas estrugia, os cânticos gania,
    Suava junto à mó;
Porém, no peito de cada homem se escondia,
    Mudo, um Terror sem dó.

E mudo, todo dia, em onda ele surgia –
    Onda de ervas coberta;
Ninguém lembrava a dura sorte que amargura
    A gente tola e a esperta,
Até passarmos nós, voltando do trabalho,
    Por uma cova aberta.

Era amarelo esgar a boca a bocejar
    E algo vivo a querer;
Para o sedento asfalto a lama suplicava
    O sangue, seu prazer;
E soubemos nessa hora que antes de outra aurora
    Alguém ia pender.

Reentramos com calma, remoendo n'alma
    A Morte, o Medo e o Nada;
Co' uma sacola o algoz foi-se a arrastar os pés
    Na sombria morada;
E cada homem tremia ao rastejar de volta
    À tumba numerada.

The Balad of Reading Gaol

That night the empty corridors
   Were full of forms of Fear,
And up and down the iron town
   Stole feet we could not hear,
And through the bars that hide the stars
   White faces seemed to peer.

He lay as one who lies and dreams
   In a pleasant meadow-land,
The watchers watched him as he slept,
   And could not understand
How one could sleep so sweet a sleep
   With a hangman close at hand.

But there is no sleep when men must weep
   Who never yet have wept:
So we – the fool, the fraud, the knave –
   That endless vigil kept,
And through each brain on hands of pain
   Another's terror crept.

Alas! it is a fearful thing
   To feel another's guilt!
For, right within, the sword of Sin
   Pierced to its poisoned hilt,
And as molten lead were the tears we shed
   For the blood we had not spilt.

OSCAR WILDE

Invadiam à noite o corredor vazio
    Contornos de Temor,
Que erravam no desterro dessa rua de ferro
    Com passos sem rumor,
E vinham, entre as barras que às estrelas velam,
    Brancas faces compor.

Ele jazia como alguém que jaz e sonha
    Em doce campo aberto;
Os carcereiros observavam-no a dormir,
    Sem compreender, por certo,
Como podia dormir tal sono de abandono
    Estando o algoz tão perto.

Os sonos, porém, somem quando chora um homem
    Que nunca chorou antes:
E assim, sem fim vigiamos nós – nós, os velhacos,
    Os tolos, os meliantes;
E a nossas mentes veio, a rastejar, alheio
    Terror com mãos crispantes.

Ai! Que tremenda coisa remoer a culpa
    Que é de outros por direito!
Té o cabo envenenado a espada do Pecado
    Cravou-se em nosso peito,
E foi chumbo fundido o pranto ali vertido
    Pelo que fora feito.

The Warders with their shoes of felt
 Crept by each padlocked door,
And peeped and saw, with eyes of awe,
 Gray figures on the floor,
And wondered why men knelt to pray
 Who never prayed before.

All through the night we knelt and prayed,
 Mad mourners of a corpse!
The troubled plumes of midnight were
 The plumes upon a hearse:
And bitter wine upon a sponge
 Was the savour of Remorse.

The gray cock crew, the red cock crew,
 But never came the day:
And crooked shapes of Terror crouched,
 In the corners where we lay:
And each evil sprite that walks by night
 Before us seemed to play.

They glided past, they glided fast,
 Like travellers through a mist:
They mocked the moon in a rigadoon
 Of delicate turn and twist,
And with formal pace and loathsome grace
 The phantoms kept their tryst.

Com sapatos de feltro os guardas se esgueiravam
    Nas portas com cadeado;
O seu olhar de espanto via em cada canto
    Um vulto recurvado;
E não sabiam por que se ajoelhava a orar
    Quem nunca havia orado.

A noite toda oramos, loucos pranteadores
    Do morto a nosso encargo!
As plumas no caixão eram as que agitava
    A meia-noite ao largo;
E o sabor do Remorso era o sabor da esponja
    Com o seu vinho amargo.

Cantou o galo cinza, e então o galo rubro,
    Mas nunca vinha o dia:
Com formas tortas, de tocaia em nossos cantos,
    O Terror prosseguia;
Turbavam nossa paz todas as almas más
    Que erram na hora tardia.

Em voo veloz, iam por nós tal como um bando
    Que em meio à neve passa;
Com torneio e torção, seu fino rigodão
    Da lua faz chalaça,
Nesse encontro espectral de andamento formal
    E repulsiva graça.

With mop and mow, we saw them go,
   Slim shadows hand in hand:
About, about, in ghostly rout
   They trod a saraband:
And damned grotesques made arabesques,
   Like the wind upon the sand!

With the pirouettes of marionettes,
   They tripped on pointed tread:
But with flutes of Fear they filled the ear,
   As their grisly masque they led,
And loud they sang, and long they sang,
   For they sang to wake the dead.

"Oho!" they cried, "The World is wide,
   But fettered limbs go lame!
And once, or twice, to throw the dice
   Is a gentlemanly game;
But he does not win who plays with Sin
   In the secret House of Shame."

No things of air these antics were,
   That frolicked with such glee:
To men whose lives were held in gyves,
   And whose feet might not go free,
Ah! wounds of Christ! they were living things
   Most terrible to see.

Com trejeitos se vão as sombras, mão com mão,
　　Formando uma cadeia;
Sua lenta ciranda era uma sarabanda
　　Em fantasmal colmeia,
Desenhando – os grotescos – doidos arabescos,
　　Como o vento na areia!

Fazendo piruetas como marionetes,
　　Saltitavam absortos;
Mas com flautas de Horror erguiam seu clamor
　　Hediondos e retortos...
Seu canto era alongado, seu canto era gritado,
　　Canto que acorda os mortos.

"Oho!" Clamavam. "Largo é o mundo! Mas que embargo
　　É um membro acorrentado!
E também é cortês, sim, uma ou outra vez
　　Arremessar o dado;
Na Casa da Vergonha, entanto, jamais ganha
　　Quem joga co'o Pecado."

Não era apenas ar o bando a cabriolar
　　Com tal gozo e prazer:
Para quem tinha a vida por grilhões contida
　　E não podia correr –
Chagas de Cristo! – os seres eram coisas vivas,
　　Terríveis de se ver.

Around, around, they waltzed and wound;
    Some wheeled in smirking pairs;
With the mincing step of a demirep
    Some sidled up the stairs:
And with subtle sneer, and fawning leer,
    Each helped us at our prayers.

The morning wind began to moan,
    But still the night went on:
Through its giant loom the web of gloom
    Crept till each thread was spun:
And, as we prayed, we grew afraid
    Of the Justice of the Sun.

The moaning wind went wandering round
    The weeping prison-wall:
Till like a wheel of turning steel
    We felt the minutes crawl:
O moaning wind! what had we done
    To have such a seneschal?

At last I saw the shadowed bars,
    Like a lattice wrought in lead,
Move right across the whitewashed wall
    That faced my three-plank bed,
And I knew that somewhere in the world
    God's dreadful dawn was red.

Rodavam frente a frente. Rindo tolamente,
    Uns aos pares valsavam;
Outros, com requebrar próprio de um lupanar,
    Nos degraus se esgueiravam...
Com seu desdém sutil e seu olhar servil,
    A orar nos ajudavam.

Pôs-se então a gemer o vento da manhã,
    Sem a noite espantar –
A noite que tecia a teia da agonia
    No seu grande tear;
E, orando ali, bem cedo nos venceu o medo
    Da Justiça Solar.

Gemendo, o vento em volta dos chorosos muros
    Vagava; até que, enfim –
Roda de aço a girar – sentimos o arrastar
    Dos minutos sem fim.
Vento gemente! O que fizemos para termos
    Um senescal assim?

Eu vi então as negras barras (gelosia
    Com o chumbo forjada)
Movendo-se, ante a minha cama de três pranchas,
    Na parede caiada,
E soube que nalgum lugar fazia Deus
    Ser vermelha a alvorada.

At six o'clock we cleaned our cells,
   At seven all was still,
But the sough and swing of a mighty wing
   The prison seemed to fill,
For the Lord of Death with icy breath
   Had entered in to kill.

He did not pass in purple pomp,
   Nor ride a moon-white steed.
Three yards of cord and a sliding board
   Are all the gallow's need:
So with rope of shame the Herald came
   To do the secret deed.

We were as men who through a fen
   Of filthy darkness grope:
We did not dare to breathe a prayer,
   Or to give our anguish scope:
Something was dead in each of us,
   And what was dead was Hope.

For Man's grim Justice goes its way,
   And will not swerve aside:
It slays the weak, it slays the strong,
   It has a deadly stride:
With iron heel it slays the strong,
   The monstrous parricide!

Às seis horas limpamos nossas celas,
    Às sete tudo é espera...
E o vibrar e o voltear de uma asa poderosa
    Sobre o cárcere impera,
Pois o Senhor da Morte – o bafo frio e forte –
    Para matar viera.

Em real pompa não passou, nem cavalgou
    Corcel branco-lunar.
O alçapão corredio e três jardas de fio
    Bastam para enforcar:
Co'a corda da vergonha veio a ação medonha
    O Arauto praticar.

Éramos como um bando em pântano tateando
    Na suja escuridão:
Não ousávamos dar vazão à nossa angústia,
    Dizer uma oração;
Algo morrera em nós, e o que morrera fora
    A Esperança... a Ilusão.

Pois a cruel Justiça do Homem segue avante,
    Vai firme, não trepida:
Tanto ela mata o fraco quanto mata o forte
    Em sua mortal corrida...
É com tacão de ferro que ela mata o forte,
    A hedionda parricida!

We waited for the stroke of eight:
   Each tongue was thick with thirst:
For the stroke of eight is the stroke of Fate
   That makes a man accursed,
And Fate will use a running noose
   For the best man and the worst.

We had no other thing to do,
   Save to wait for the sign to come:
So, like things of stone in a valley lone,
   Quiet we sat and dumb:
But each man's heart beat thick and quick,
   Like a madman on a drum!

With sudden shock the prison-clock
   Smote on the shivering air,
And from all the gaol rose up a wail
   Of impotent despair,
Like the sound the frightened marshes hear
   From some leper in his lair.

And as one sees most fearful things
   In the crystal of a dream,
We saw the greasy hempen rope
   Hooked to the blackened beam,
And heard the prayer the hangman's snare
   Strangled into a scream.

Grossa de sede a língua, à espera das oito horas
    Sentamo-nos à toa,
Porque o bater das oito é o sino do Destino
    Que nos amaldiçoa
E tem a seu serviço um laço corrediço
    Para a alma ruim e a boa.

Ficamos cada qual à espera do sinal
    (Nenhuma opção melhor),
Como coisas de pedra em vale solitário,
    Sem voz e sem rumor;
Mas cada coração batia lesto e presto,
    Qual louco num tambor!

Quando, em súbito choque, vem do relógio um toque
    Que fere o ar invernoso;
Então, todo o presídio deu triste gemido
    De desespero ocioso,
Igual ao som que chega aos assustados charcos
    Do covil de um leproso.

E, como muitas vezes no cristal de um sonho
    Vê-se o pior delito,
Eis na trave enganchada a corda besuntada
    De cânhamo maldito,
E eis o som da oração que o laço do carrasco
    Estrangulou num grito.

And all the woe that moved him so
  That he gave that bitter cry,
And the wild regrets, and the bloody sweats,
  None knew so well as I:
For he who lives more lives than one
  More deaths than one must die.

Somente eu conheci a dor que o fez berrar
    Com amargor tão forte,
E os remorsos violentos e suores sangrentos
    De sua negra sorte:
Quem vive mais do que uma vida também deve
    Morrer mais que uma morte.

||||

There is no chapel on the day
   On which they hang a man:
The Chaplain's heart is far too sick,
   Or his face is far too wan,
Or there is that written in his eyes
   Which none should look upon.

So they kept us close till nigh on noon,
   And then they rang the bell,
And the Warders with their jingling keys
   Opened each listening cell,
And down the iron stair we tramped,
   Each from his separate Hell.

Out into God's sweet air we went,
   But not in wonted way,
For this man's face was white with fear,
   And that man's face was gray,
And I never saw sad men who looked
   So wistfully at the day.

I never saw sad men who looked
   With such a wistful eye
Upon that little tent of blue
   We prisoners called the sky,
And at every careless cloud that passed
   In happy freedom by.

O Capelão não reza o culto na capela
    Quando enforcam alguém;
Tem nesse dia o coração muito enojado,
    Palor nas faces tem;
Ou aquilo que traz nos olhos estampado
    Não deve olhar ninguém.

Assim, trancaram-nos 'té quase o meio-dia;
    E eis o sino afinal...
Nossos guardas abriram cada cela à escuta
    Com tinir de metal,
E cada homem deixou, pelos degraus de ferro,
    O Inferno pessoal.

Saímos para o doce ar do Senhor. Porém,
    Não como se soía,
Visto que o medo acinzentava o rosto de um,
    E o de outro embranquecia;
E nunca em minha vida vi um bando olhar
    Tão angustiado o dia.

E nunca vi na vida um bando que tivesse
    Tanta angústia no olhar
Ao ver a tenda azul que de céu, no cárcere,
    Usávamos chamar,
E cada nuvem descuidada que passava
    Livre e feliz pelo ar.

But there were those amongst us all
  Who walked with downcast head,
And knew that, had each got his due,
  They should have died instead:
He had but killed a thing that lived,
  Whilst they had killed the dead.

For he who sins a second time
  Wakes a dead soul to pain,
And draws it from its spotted shroud,
  And makes it bleed again,
And makes it bleed great gouts of blood,
  And makes it bleed in vain!

Like ape or clown, in monstrous garb
  With crooked arrows starred,
Silently we went round and round
  The slippery asphalt yard;
Silently we went round and round,
  And no man spoke a word.

Silently we went round and round,
  And through each hollow mind
The Memory of dreadful things
  Rushed like a dreadful wind.
And Horror stalked before each man,
  And Terror crept behind.

Mas entre nós havia alguns que caminhavam
    Com semblante caído,
Porque sabiam que eles é que a morte mereciam,
    Tivessem o devido:
O outro matara quem vivia; eles, porém,
    Quem havia vivido.

Quem peca vez segunda acorda uma alma morta
    Para nova aflição;
Ergue-a do pálio maculado e novamente
    A faz sangrar então;
Grandes gotas de sangue ainda a faz sangrar,
    E a faz sangrar em vão!

Quais monos ou bufões, eis-nos em feia veste
    De flechas recamada...
Íamos em silêncio, à roda, sempre à roda,
    Na lisa área asfaltada;
Íamos em silêncio, à roda, sempre à roda,
    Ninguém a dizer nada.

Íamos em silêncio, à roda, sempre à roda,
    E a Memória feroz
À mente oca invadia com atrozes coisas,
    Tal como um vento atroz.
E à nossa frente o Horror marchava e, rastejando,
    Vinha o Terror empós.

The Warders strutted up and down,
   And kept their herd of brutes,
Their uniforms were spick and span,
   And they wore their Sunday suits,
But we knew the work they had been at,
   By the quicklime on their boots.

For where a grave had opened wide,
   There was no grave at all:
Only a stretch of mud and sand
   By the hideous prison-wall,
And a little heap of burning lime,
   That the man should have his pall.

For he has a pall, this wretched man,
   Such as few men can claim:
Deep down below a prison-yard,
   Naked for greater shame,
He lies, with fetters on each foot,
   Wrapt in a sheet of flame!

And all the while the burning lime
   Eats flesh and bone away,
It eats the brittle bone by night,
   And the soft flesh by day,
It eats the flesh and bone by turns,
   But it eats the heart alway.

Andando acima e abaixo, os guardas dominavam
    Seu bando de animais;
Vestiam todos uniformes impecáveis,
    Trajes dominicais;
Mas no que haviam trabalhado a cal nas botas
    Mostrava bem demais.

Pois onde antes se vira escancarada cova
    Já não havia nada:
Apenas um espaço com areia e lama,
    Junto à muralha odiada,
E abrasadora cal, para que mortalha
    Ao homem fosse dada.

Sim, tem mortalha esse infeliz! E tal mortalha
    Pouca gente reclama,
Pois sob um pátio de prisão descansa nu
    Para agravo da fama,
E, com grilhões de ferro em cada pé, é envolto
    Por um lençol de chama!

E, cáustica, lhe come a cal, o tempo todo,
    Osso e carne macia;
Devora os ossos quebradiços quando é noite,
    E a carne quando é dia...
Dia e noite, porém, devora o coração,
    Que a fome lhe sacia.

For three long years they will not sow
    Or root or seedling there:
For three long years the unblessed spot
    Will sterile be and bare,
And looking upon the wondering sky
    With unreproachful stare.

They think a murderer's heart would taint
    Each simple seed they sow.
It is not true! God's kindly earth
    Is kindlier than men know,
And the red rose would but glow more red,
    The white rose whiter blow.

Out of his mouth a red, red rose!
    Out of his heart a white!
For who can say by what strange way,
    Christ brings His will to light,
Since the barren staff the pilgrim bore
    Bloomed in the great Pope's sight?

But neither milk-white rose nor red
    May bloom in prison air;
The shard, the pebble, and the flint,
    Are what they give us there:
For flowers have been known to heal
    A common man's despair.

Por um longo triênio, mudas ou raízes
   Ninguém lá vai plantar;
Por um longo triênio, estéril, nu será
   O maldito lugar,
Que há de ficar mirando o azul do céu atônito
   Sem repreensão no olhar.

Julgam que o coração de um assassino os grãos
   Plantados mancha e estanca.
Não é verdade! A terra franca do Senhor
   Não sabem quanto é franca;
E a rosa rubra desabrocha inda mais rubra,
   A branca inda mais branca.

A rosa rubra vem de sua boca, a branca
   Do coração malquisto!
Quem dizer poderia por que estranha via
   O seu querer faz Cristo,
Quando ante o Papa até o bastão do peregrino
   Reflorescer foi visto?

Mas rosa, rubra ou láctea, florescer não logra
   Aqui no ar da prisão;
Aqui neste lugar, o caco, o seixo e a pedra
   São tudo o que nos dão,
Porque sabem que as flores podem nos curar
   A desesperação.

The Balad of Reading Gaol

So never will wine-red rose or white,
    Petal by petal, fall
On that stretch of mud and sand that lies
    By the hideous prison-wall,
To tell the men who tramp the yard
    That God's Son died for all.

Yet though the hideous prison-wall
    Still hems him round and round,
And a spirit may not walk by night
    That is with fetters bound,
And a spirit may but weep that lies
    In such unholy ground,

He is at peace – this wretched man –
    At peace, or will be soon:
There is no thing to make him mad,
    Nor does Terror walk at noon,
For the lampless Earth in which he lies
    Has neither Sun nor Moon.

They hanged him as a beast is hanged:
    They did not even toll
A requiem that might have brought
    Rest to his startled soul,
But hurriedly they took him out,
    And hid him in a hole.

OSCAR WILDE

Portanto, nunca irá rosa alva ou cor de vinho
    Cair despetalada
Naquele estreito espaço com areia e lama,
    Junto à muralha odiada,
A anunciar que Deus quis que a vida de Seu Filho
    Por todos fosse dada.

Contudo, embora o odiado muro da prisão
    Ainda o cerque tirano,
E não possa um espírito vagar à noite
    Com grilhões a seu dano,
E não possa um espírito chorar se jaz
    Em tal solo profano,

Ele está em paz, o desgraçado... Ou logo em paz
    Há de estar a alma sua:
Nada mais o perturba; e ali, ao meio-dia,
    O Terror não o acua,
Visto que a terra úmida e sem luz em que descansa
    Não tem nem Sol nem Lua.

Foi enforcado como enforcam animais:
    Nem mesmo foi tangido
Um réquiem para dar repouso a seu espírito
    Confuso e espavorido;
Mas bem depressa o retiraram, e o puseram
    Num buraco escondido.

They stripped him of his canvas clothes,
    And gave him to the flies;
They mocked the swollen purple throat,
    And the stark and staring eyes;
And with laughter loud they heaped the shroud
    In which their convict lies.

The Chaplain would not kneel to pray
    By his dishonoured grave:
Nor mark it with that blessed Cross
    That Christ for sinners gave,
Because the man was one of those
    Whom Christ came down to save.

Yet all is well; he has but passed
    To Life's appointed bourne:
And alien tears will fill for him
    Pity's long-broken urn,
For his mourners will be outcast men,
    And outcasts always mourn.

Sem as roupas de estopa, foi arremessado
    Ao mosqueiro voraz;
E todos riram da garganta rubra e inchada,
    Do olhar fixo e tenaz...
E o desdém que gargalha eivou toda a mortalha
    Em que o culpado jaz.

Junto à cova injuriada o Capelão não veio
    De joelhos orar,
Nem a marcou co'a cruz bendita que deu Cristo
    Ao pecador vulgar,
Pois era esse homem um daqueles a quem Cristo
    Desceu para salvar.

Mas, tudo bem! Cumpriu apenas o destino
    Traçado pela vida;
E por um pranto estranho a urna da Compaixão,
    Trincada, será enchida,
Pois párias vão panteá-lo, e párias choram sempre,
    E choram sem medida.

||||

I know not whether Laws be right,
  Or whether Laws be wrong;
All that we know who lie in gaol
  Is that the wall is strong;
And that each day is like a year,
  A year whose days are long.

But this I know, that every Law
  That men have made for Man,
Since first Man took his brother's life,
  And the sad world began,
But straws the wheat and saves the chaff
  With a most evil fan.

This too I know – and wise it were
  If each could know the same –
That every prison that men build
  Is built with bricks of shame,
And bound with bars lest Christ should see
  How men their brothers maim.

With bars they blur the gracious moon,
  And blind the goodly sun:
And they do well to hide their Hell,
  For in it things are done
That Son of God nor Son of Man
  Ever should look upon!

Não sei se as Leis são justas ou se as Leis são falhas...
    Isso não cabe a mim.
Nós só sabemos, na prisão, que o muro é forte;
    Como sabemos, sim,
Que cada dia é um ano, um ano cujos dias
    Parecem não ter fim.

Mas isto eu sei, que toda Lei que a humanidade
    Fez para o Ser Humano –
Desde que a Abel matou Caim, e desde o início
    De nosso mundo insano –
Transforma o trigo em palha e salva só o farelo
    Com um cruel abano.

Também sei isto – e que isto seja em toda mente
    Uma noção tranquila:
Tijolos de vergonha é o que usam na prisão
    Quando vão construí-la,
E grades põem para Jesus não ver como o homem
    Os seus irmãos mutila.

Com barras o homem borra a graciosa lua
    E cega o sol feraz:
E conservar coberto aquele Inferno é certo,
    Pois lá dentro se faz
Algo que nem Filho de Deus nem Filho do Homem
    Devem olhar jamais!

The vilest deeds like poison weeds
    Bloom well in prison-air:
It is only what is good in Man
    That wastes and withers there:
Pale Anguish keeps the heavy gate,
    And the Warder is Despair.

For they starve the little frightened child
    Till it weeps both night and day:
And they scourge the weak, and flog the fool,
    And gibe the old and gray,
And some grow mad, and all grow bad,
    And none a word may say.

Each narrow cell in which we dwell
    Is a foul and dark latrine,
And the fetid breath of living Death
    Chokes up each grated screen,
And all, but Lust, is turned to dust
    In Humanity's machine.

The brackish water that we drink
    Creeps with a loathsome slime,
And the bitter bread they weigh in scales
    Is full of chalk and lime,
And Sleep will not lie down, but walks
    Wild-eyed, and cries to Time.

Como ervas venenosas as ações mais vis
    Brotam no ar da prisão;
Ali, somente as coisas que são boas no Homem
    Secarão, murcharão...
Guarda a porta pesada a Angústia; e o Carcereiro
    É a Desesperação.

Lá a criança assustada fica à míngua até
    Que chore noite e dia;
Lá se fustiga o fraco, e se flagela o tolo,
    E ao velho se injuria;
Lá muitos endoidecem, todos se embrutecem,
    Ninguém se pronuncia.

A nossa pequenina cela é uma latrina
    De treva e sujidade.
E o bafo azedo e forte de uma viva Morte
    Sufoca toda grade;
Resta a Luxúria só – e tudo mais é pó
    Na mó da Humanidade.

A água salobre que bebemos traz consigo
    Uma nojenta lama,
E o pão amargo que eles pesam na balança
    Tem greda em cada grama,
E o Sono, com olhar selvagem, não se deita,
    Mas para o Tempo clama.

But though lean Hunger and green Thirst
    Like asp with adder fight,
We have little care of prison fare,
    For what chills and kills outright
Is that every stone one lifts by day
    Becomes one's heart by night.

With midnight always in one's heart,
    And twilight in one's cell,
We turn the crank, or tear the rope,
    Each in his separate Hell,
And the silence is more awful far
    Than the sound of a brazen bell.

And never a human voice comes near
    To speak a gentle word:
And the eye that watches through the door
    Is pitiless and hard:
And by all forgot, we rot and rot,
    With soul and body marred.

And thus we rust Life's iron chain
    Degraded and alone;
And some men curse, and some men weep,
    And some men make no moan:
But God's eternal Laws are kind
    And break the heart of stone.

Porém, se a magra Fome e a Sede estão qual áspide
   E víbora em porfia,
Pouco importa a comida na prisão servida,
   Pois o que mata e esfria
É que de noite o coração se torna a pedra
   Que se ergue quando é dia.

Tendo no peito a meia-noite, e em sua cela
   Crepúsculo eternal,
Cada homem rasga a corda ou gira a manivela
   No Inferno pessoal,
Quando o silêncio é mais terrível do que o som
   De um sino de metal.

E jamais se aproxima com palavras doces
   A doce humana voz;
E o olho a vigiar constantemente junto à porta
   É impiedoso e feroz...
E, nessa alheação, apodrecendo vão
   Corpo e alma em todos nós.

E a corrente da Vida assim enferrujamos
   Na torpe solidão:
E alguns homens praguejam, e outros homens choram
   Ou nem gemidos dão...
Mas as eternas Leis de Deus rompem bondosas
   O pétreo coração.

And every human heart that breaks,
    In prison-cell or yard,
Is as that broken box that gave
    Its treasure to the Lord,
And filled the unclean leper's house
    With the scent of costliest nard.

Ah! happy they whose hearts can break
    And peace of pardon win!
How else may man make straight his plan
    And cleanse his soul from Sin?
How else but through a broken heart
    May Lord Christ enter in?

And he of the swollen purple throat,
    And the stark and staring eyes
Waits for the holy hands that took
    The Thief to Paradise;
And a broken and a contrite heart
    The Lord will not despise.

The man in red who reads the Law
    Gave him three weeks of life,
Three little weeks in which to heal
    His soul of his soul's strife,
And cleanse from every blot of blood
    The hand that held the knife.

E cada coração no cárcere partido –
  Na cela ou onde for –
É como aquele frasco roto que entregou
  Seu tesouro ao Senhor,
E encheu o lar do impuro lázaro com nardo
  Do mais alto valor.

Feliz o coração partido: pode a paz
  Do perdão conquistar!
Senão, como o homem vai fazer reto o seu plano
  E do Erro se limpar?
Como pode, a não ser por coração partido,
  O Senhor Cristo entrar?

E o de garganta rubra e inchada, o de olhar fixo,
  Aguarda enternecido
As santas mãos que ao Paraíso o bom ladrão
  Haviam conduzido;
E Deus jamais desprezará um coração
  Contrito e arrependido.

Três semanas de vida deu-lhe o homem da Lei
  Com a rubra casaca,
Três pequenas semanas, para curar na alma
  O mal que à alma lhe ataca,
Limpar cada sinal de sangue sobre a mão
  Que segurou a faca.

And with tears of blood he cleansed the hand,
 The hand that held the steel:
For only blood can wipe out blood,
 And only tears can heal:
And the crimson stain that was of Cain
 Became Christ's snow-white seal.

E ele lavou com lágrimas de sangue a mão
    Que guiou o cutelo,
Pois só o sangue limpa o sangue, e apenas lágrimas
    Livram do pesadelo...
E a nódoa carmesim que fora de Caim
    De Cristo é o níveo selo.

|||| |

In Reading gaol by Reading town
    There is a pit of shame,
And in it lies a wretched man
    Eaten by teeth of flame.
In a burning winding-sheet he lies,
    And his grave has got no name.

And there, till Christ call forth the dead,
    In silence let him lie:
No need to waste the foolish tear,
    Or heave the windy sigh:
The man had killed the thing he loved,
    And so he had to die.

And all men kill the thing they love,
    By all let this be heard,
Some do it with a bitter look,
    Some with a flattering word,
The coward does it with a kiss,
    The brave man with a sword.

No cárcere de Reading junto a Reading Town
    Há um fosso de má fama,
E nele jaz um desgraçado a quem devoram
    Cruéis dentes de chama.
Jaz num sudário ardente, e o mísero sepulcro
    Seu nome não proclama.

E, até que Cristo chame os mortos, ali possa
    Em silêncio jazer...
Não é preciso dar suspiros ocos, nem
    Tolo pranto verter:
Aquele homem matara a sua coisa amada,
    E tinha que morrer.

Apesar disso – escutem bem – todos os homens
    Matam a coisa amada;
Com galanteio alguns o fazem, enquanto outros
    Com face amargurada;
Os covardes o fazem com um beijo,
    Os bravos, com a espada

Quem foi Paulo Vizioli

Paulo Vizioli, nasceu em Piracicaba, SP, em 19/06/1934, faleceu em 14/10/1999 no vilarejo Borgo San Lorenzo, no centro da Itália. Professor titular aposentado da cadeira de Língua e Literatura Inglesa na Universidade de São Paulo (USP), além de profundo conhecedor e divulgador da literatura de língua inglesa no Brasil, foi crítico literário, autor de ensaios de literatura e tradutor premiado. Prefaciou e traduziu várias antologias, entre as quais se destaca *William Blake: poesia e prosa selecionada*, pela Nova Alexandria, com a qual recebeu o Prêmio Jabuti de tradução de poesia em 1994. Era também membro da Academia Paulista de Letras.

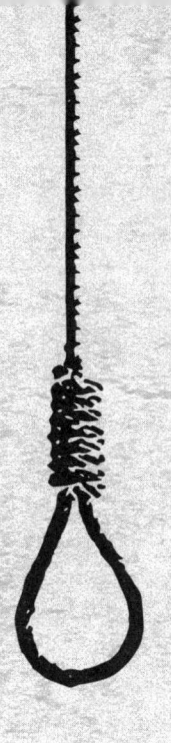

Em 07 de julho de 1896 aconteceu o enforcamento de Charles Thomas Wooldridge – soldado da Cavalaria Real – foi condenado por ter cortado a garganta de sua mulher, Laura Ellen.

*Este poema narra
essa execução
de Wooldridge.*

Inverno de 2022
Todos os direitos reservados.

Capa: Luciana Ornaghi
Projeto Gráfico e Editoração Eletrônica:
MauricioMallet Art & Design

Editora Nova Alexandria
www.editoranovaalexandria.com.br

Impressão e Acabamento | Gráfica Viena
Todo papel desta obra possui certificação FSC® do fabricante.
Produzido conforme melhores práticas de gestão ambiental (ISO 14001)
www.graficaviena.com.br